생각을 여는

처음탄탄 한국사

06

조선 후기

생각을 여는

처음탄탄 한국사

06
조선 후기

김태규 글 | 김잔디 그림

스푼북

차례

01 조선군이 러시아군과 싸웠다고?　　　　　　　　　　7

02 상복 입는 기간을 두고 신하들이 다툰 이유는?　　　15

03 독도를 지키기 위해 노력한 사람이 있다던데?　　　21

04 영조가 탕평비를 세운 이유는?　　　　　　　　　　27

05 정조는 왜 수원 화성을 만들었을까?　　　　　　　　33

06 정조는 조선을 어떻게 바꿨을까?　　　　　　　　　41

07 모내기가 널리 퍼져 나갔다고?　　　　　　　　　　49

와아아아

08 전국에 시장이 생기기 시작했다고? _ 55

09 양반이 되는 방법이 따로 있다고? _ 61

10 실용을 중요하게 여긴 학자들이 나타났다고? _ 67

11 왕보다 더 힘이 센 양반이 있었다고? _ 73

12 백성들이 늦은 밤에 몰래 도망친 이유는? _ 79

13 왕의 비밀 명령을 수행하는 관리가 있었다고? _ 85

14 나라에서 천주교와 동학을 탄압했다고? _ 91

15 홍경래가 난을 일으킨 이유는? _ 97

◦ 연표 _ 102
◦ 찾아보기 _ 104
◦ 사진 저작권 _ 106

조선군이 러시아군과 싸웠다고?

"탕! 탕!"
조선 병사들의 총구가 불을 뿜을 때마다 러시아 병사들은 속수무책으로 땅바닥에 쓰러졌어. 돌쇠는 재빨리 다른 병사에게 총을 겨눴지.
"다들 조심하라고! 이 먼 땅에서 목숨을 잃으면 너무 억울하잖아!"
돌쇠와 같은 마을에서 온 명보가 큰 소리로 병사들에게 외쳤어. 조선 병사들은 누구와, 왜 싸우고 있는 것일까?

⋮

　1637년, 조선의 임금 인조가 청나라 태종에게 항복하며 병자호란이 끝났어. 인조의 두 아들 소현 세자와 봉림 대군은 청나라에 인질로 끌려갔지. 이들은 8년여 동안 낯선 땅에 붙들린 채로 줄곧 청나라의 위협에 시달려야 했어.

　당연히 조선은 청나라에 반감을 품었어. 두 왕자뿐 아니라 많은 조선 백성이 포로로 끌려갔고, 임금은 오랑캐로 여겼던 나라에 무릎을 꿇고 머리를 조아렸으니까. 하지만 모두가 복수심에 불타는 동안 소

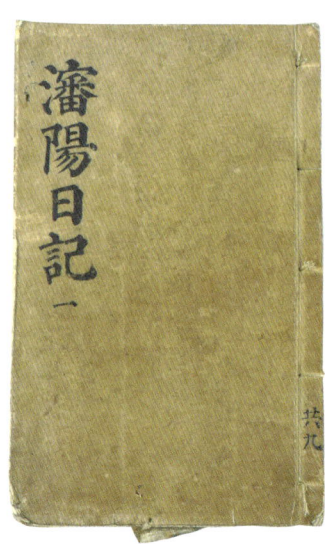
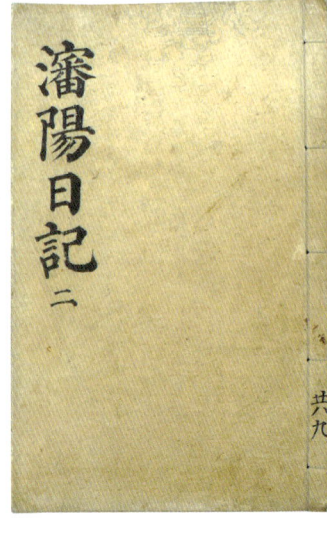

◀ 《심양일기》
소현 세자와 봉림 대군이 당시 청나라 수도였던 선양(심양)에서 인질 생활을 하며 겪은 일을 세자와 함께 갔던 관원들이 기록한 책이야.

현 세자는 차근차근 청나라와의 관계를 다져 나갔어. 소현 세자는 청나라 왕족과 관리들, 서양 선교사들과 친하게 지내며 청나라의 문물과 서양의 과학 기술을 접하게 되었어. 소현 세자는 무너진 조선을 다시 일으켜 세우려면 이를 배우고 받아들여야 한다고 생각했지.

선교사
외국에서 종교를 전하기 위해 활동하는 사람을 말해.

얼마 뒤, 안팎으로 혼란스럽던 명나라가 결국 반란으로 무너졌어. 이 틈을 타 청나라는 명나라 수도 베이징을 점령하고 중국 전역을 본격적으로 장악해 나갔어. 이듬해 소현 세자와 봉림 대군은 조선으로 돌아왔어. 인조는 소현 세자의 귀국을 반기지 않았어. 원수나 다름없는 청나라와 가깝게 지냈기 때문이야. 그런데 조선으로 돌아온 지 두 달 만에 소현 세자가 병으로 갑작스럽게 세상을 떠났어. 결국 소현 세자의 동생 봉림 대군이 왕위를 이었지. 이 사람이 바로 조선의 제17대 임금 효종이야.

효종은 왕이 되자마자 청나라를 정벌하겠다고 선언했어. 병자호란에서 당한 굴욕과 패배를 씻고, 임진왜란 때 조선을 도운 명나라에 대한 의리를 지키자는 거였지. 이를 '북벌론'이라고 해.

이에 효종은 군사력을 강화하기 위해 군사 수를 늘리고 성곽을 수리했어. 그런데 원한이 아무리 깊다 해도 청나라와 전쟁을 벌이는 건

▲ 조총
조총은 15세기 말 유럽에서 처음 만들어졌어. 그러다 16세기쯤 아시아 지역에 전해졌고, 임진왜란 전후로 우리나라에 보급되었어.

불가능에 가까웠어. 이미 청나라는 중국을 집어삼키며 어마어마한 대국으로 성장하고 있었거든. 효종이 길러 낸 군대는 훗날 다른 전투에서 크게 활약하게 되지.

1650년대, 한창 영토를 넓혀 나가던 러시아가 청나라와 충돌했어. 청나라는 러시아의 침입에 맞서 몇 번 전투를 벌였지만 러시아를 몰아내는 데 실패했어. 청나라는 조선에 군대를 보내 달라고 요청했지. 청나라의 요구를 거절하기 어려웠던 조선은 조총을 잘 다루는 군사들을 뽑아 군대를 만들어 보냈어. 포수였던 돌쇠와 명보는 이때 병사로

뽑혀 전투에 참여한 거야.

조선 군대는 청나라 군대와 함께 러시아군에 맞서 승리를 거두었어. 이를 '나선 정벌'이라고 해. 당시 러시아를 '나선'이라 불렀기 때문에 이런 이름이 붙은 거야.

한편, 효종은 왕위에 오른 지 10년 만에 세상을 떠났어. 결국 효종의 죽음으로 북벌론은 좌절되었지.

▲ 청나라 병사를 묘사한 〈호병도〉

이후 청나라에 다녀온 사람들을 통해 청나라의 발전된 모습이 꾸준히 알려지면서 청나라를 정벌해야 할 대상이 아닌, 보고 배워야 할 나라로 생각하는 사람들이 늘어나게 되었어.

생각 톡톡

조선, 세계에 알려지다

　1653년, 네덜란드의 선원 헨드릭 하멜은 일본 나가사키로 향하는 배에 올랐어. 그러다 제주도 부근에서 폭풍을 만나 바다를 떠돌게 되었지. 말도 제대로 통하지 않는 낯선 땅 제주도에 도착한 하멜은 생각지도 못했던 같은 나라 사람을 만났단다. 얀 야너스 벨테브레이라는 사람으로, 하멜보다 25년이나 앞서 조선에 왔지.

　벨테브레이는 '박연'이라는 이름을 얻어 살 정도로 조선에 잘 적응해 지내고 있었어. 박연은 하멜이 조선 생활에 적응할 수 있도록 도왔지. 하지만 하멜은 네덜란드로 돌아갈 기회만을 엿보았어. 그리고 1666년, 하멜은 일행들과 함께 일본 나가사키로 탈출해 고향으로 돌아갔지.

　하멜은 자신이 조선에 머물며 겪은 일들을 책으로 써서 출판했어. 이 책이 바로 《하멜 표류기》야. 《하멜 표류기》에는 하멜의 표류 과정과 조선에서의 생활, 조선의 지리와 풍습 등 조선에 대한 각종 정보가 담겨 있었지. 이 책은 유럽 사람들에게 큰 인기를 끌었어. 프랑스어, 독일어 등 다양한 언어로 번역되었지. 많은 유럽인들은 《하멜 표류기》를 통해 조선이 어떤 나라인지 알게 되었단다.

상복 입는 기간을 두고 신하들이 다툰 이유는?

"대비마마께서는 3년 동안 상복을 입으셔야 합니다!"
"무슨 소리! 대비마마는 1년 동안만 상복을 입으시면 되오."
궁녀 오월이는 대신들이 모여서 하는 말을 들었어. 신하들은 오늘도 상복 입는 기간을 두고 옥신각신했지. 매일같이 다투는 모습에 오월이는 고개를 갸웃거렸어.
'그래서 대비마마는 몇 년 동안 상복을 입으셔야 하는 걸까?'

1659년, 효종이 왕위에 오른 지 10년 만에 세상을 떠났어. 그러자 신하들 사이에서 논쟁이 벌어졌어. 효종의 새어머니인 대비*가 상복을 몇 년 동안 입어야 하는지를 두고 의견이 갈렸던 거야. 궁녀 오월이는 이 모습을 보고 고개를 갸웃거린 거란다.

대비
이전 왕의 왕비로 주로 왕의 어머니를 뜻해.

이 시기 조선은 뜻을 같이하는 신하들끼리 뭉쳐 의견을 냈어. 이런 신하들의 모임을 '붕당'이라고 해. 붕당은 선조 시기, 이조 전랑이라는 벼슬자리를 두고 신하들 사이에서 갈등이 벌어진 데서부터 시작되었지. 이조 전랑은 관리를 임명하는 일을 맡은 이조의 정랑과 좌랑을 한꺼번에 일컫는 말이야. 정랑과 좌랑은 아주 높은 벼슬은 아니었지만 관리를 뽑고 배치할 권한이 있는 중요한 자리였어. 이 자리에 누구를 임명할지를 두고 신하들은 각각 '서인'과 '동인'으로 붕당을 이뤄 갈라지게 되었어. 그리고 동인은 훗날 '북인'과 '남인'으로 또 붕당이 나뉘게 되었지. 신하들은 나라의 여러 문제를 두고 각자 생각에 따라 대립하며 다른 붕당을 견제했어.

　효종이 세상을 떠났을 때, 신하들은 서인과 남인으로 붕당을 이루고 있었어. 서인은 "효종은 맏아들이 아니기 때문에 대비는 일반 양반들의 법도에 따라 1년 동안 상복을 입으면 된다."고 했지. 반면 남인은 "효종이 인조의 정당한 후계자로 왕이 되었고, 왕을 일반 양반과 같이 취급할 수 없으니 마땅히 3년 동안 상복을 입는 것이 옳다."고 맞섰어. 상복을 몇 년 입느냐는 문제는 오늘날에는 별것 아닌 것 같지만, 조상에 대한 예를 중시하고 그것을 사회 질서와 직접 연결시켜 이해했던 조선 사회에서는 엄청나게 중요한 문제였어. 결국 오랜 논쟁 끝에 서인의 주장이 받아들여졌지.

　그런데 몇 년 뒤, 상복을 입는 기간을 둘러싸고 또 한 번 다툼이 일어났어. 효종의 부인이었던 인선 왕후가 세상을 떠나자 지난번과 똑같이 대비가 상복을 입는 기간을 두고 서인과 남인의 의견이 갈린 거야. 당시 왕이었던 현종은 이번에는 남인의 편을 들었어. 서인은 쫓겨나고, 논쟁에서 승리한 남인이 권력을 잡게 되었지. 상복 입는 기간을 두고 벌어진 두 차례의 논쟁을 '예송 논쟁'이라고 해. 예송 논쟁 때 대립했던 서인과 남인들은 계속 힘을 겨루며 상대를 몰아내려 했어. 붕당끼리의 싸움은 이후에도 계속 이어지게 된단다.

서인이 둘로 갈라졌다고?

두 번째 예송 논쟁에서 남인이 승리했지만 얼마 뒤 남인이 권력에서 물러나는 사건이 벌어졌어. 남인 세력의 우두머리였던 허적이 궁중 소유의 천막을 마음대로 집에 가져가서 잔치에 사용한 거야. 이 사실을 알게 된 숙종은 크게 화가 났어. 결국 허적은 관직에서 물러나야 했어. 그런데 얼마 뒤, 허적의 아들이 역모를 일으키려 했다는 고발까지 나왔지. 이 일로 허적을 비롯한 많은 남인은 죽임을 당하고 귀양을 갔어.

이 과정에서 서인은 남인을 어떻게 처벌하느냐를 두고 의견이 갈렸어. 남인을 강하게 처벌하자고 주장한 서인들은 주로 나이가 많은 사람들이었어. 그래서 이들을 늙을 로(老) 자를 써서 '노론'이라고 했지. 반면 남인에 대해 온건하게 처리하자고 주장한 사람들은 젊은 사람들이 많았기 때문에 젊을 소(少) 자를 써서 '소론'이라고 했어. 생각이 달랐던 서인들은 서로를 비판하다가 결국 노론과 소론 둘로 나누어졌어. 처음에 신하들이 동인과 서인으로 나뉘고, 동인이 북인과 남인으로 나뉘고, 서인도 노론과 소론으로 나뉘게 된 거야.

붕당 정치는 다양한 생각과 의견을 드러내 토론하며 더 나은 방법을 찾는다는 면에서는 장점이 있었지만, 차츰 사사건건 권력 다툼을 벌이는 모습으로 변해 갔단다.

독도를 지키기 위해
노력한 사람이 있다던데?

"저 사람은 왜 포승줄에 묶여서 가고 있어요?"
사람들 사이를 비집고 들어간 영지는 깜짝 놀랐어. 어떤 사람이 일본에 다녀왔다는데, 무슨 잘못을 했는지 몸이 묶인 채 포졸들에게 끌려가고 있었거든.
도대체 이 사람은 왜 죄인이 되어 끌려가고 있는 걸까?

왜관
조선 시대에 조선에 들어온 일본인이 머물며 교류하던 곳이야. 왜관에는 일본인을 위한 행정 기관이나 집단 거주지가 설치되기도 했지.

안용복은 경상도 동래(부산)에 살던 어부였어. 가까운 곳에 왜관*이 있어서 어려서부터 일본어를 잘했다고 해. 그러던 어느 날, 안용복은 동료들과

함께 물고기를 잡기 위해 울릉도에 갔다가 일본 어선이 불법으로 정박해 있는 것을 보았어. 그는 일본이 우리 땅을 제멋대로 침범한 것을 따지기 위해 직접 일본으로 건너갔어. 안용복은 두 차례 일본으로 건너가 일본 관리들 앞에서 당당히 울릉도와 독도가 우리 땅임을 확인 받고 돌아왔지.

하지만 안용복이 일본에 울릉도와 독도가 조선 땅이라고 알리면서 자신을 조선 관리로 소개한 게 문제가 되었어. 조선 조정 입장에서는 평범한 백성이 관리라고 거짓말하고는 일본과 영토 문제를 이야기하

▲ 독도 전경

23

고 온 셈이었으니까. 그래서 안용복은 감옥에 갇히게 되었어. 영지는 이때 감옥에 끌려가는 안용복의 모습을 본 것이었지.

울릉도와 독도가 우리 역사에 처음 등장하는 건 삼국 시대 때야.

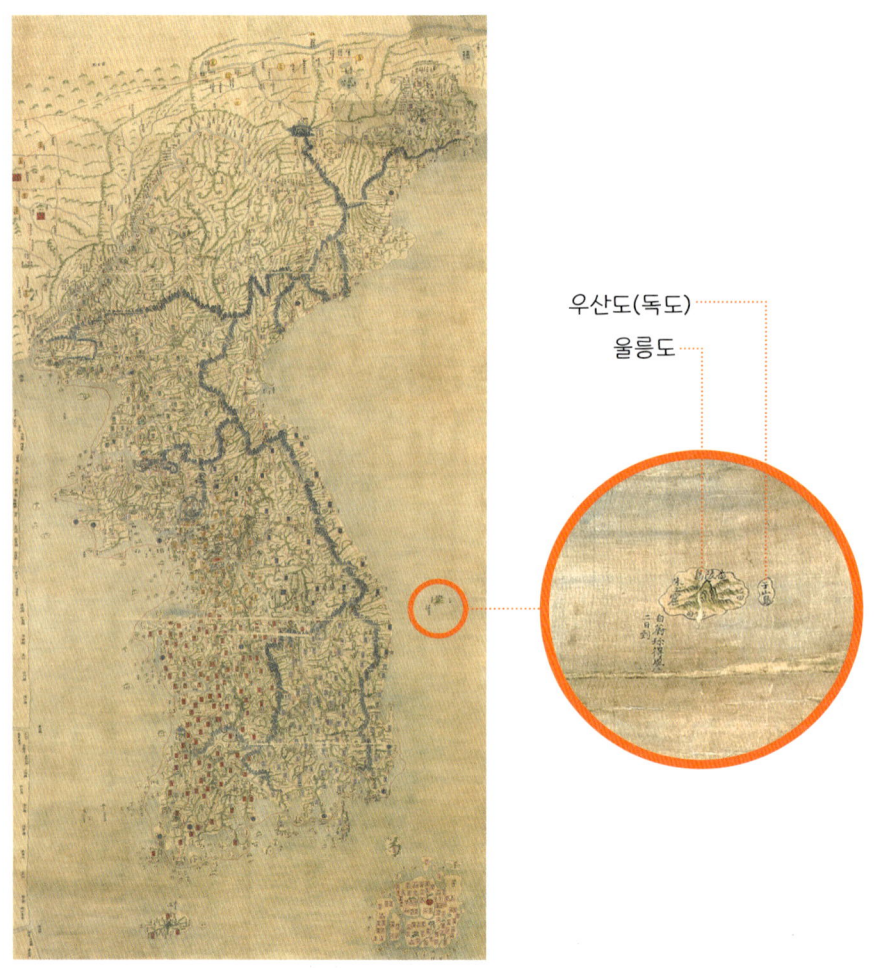

▲ 〈동국대지도〉
조선 후기에 그려진 지도야. 동해에 울릉도와 우산도가 그려져 있지. 우산도는 독도의 옛 이름이야.

지증왕이 신라를 다스릴 때 장군 이사부가 신라군을 이끌고 우산국을 정복했다는 기록이 남아 있거든. 이 우산국이 바로 오늘날 울릉도와 독도 일대야.

이야기에 따르면 우산국 사람들은 몹시 사나웠대. 힘만으로는 정복이 어렵자 이사부는 꾀를 써서 이들을 무릎 꿇리기로 했지. 이사부는 나무로 사자를 만들어 큰 배에 싣고 우산국으로 향했어. 그리고 우산국 사람들에게 "항복하지 않으면 이 사나운 짐승을 풀겠다."라고 위협했지. 겁에 질린 우산국 사람들은 바로 항복했고, 이사부는 무사히 우산국을 정복할 수 있었다고 해. 이때부터 울릉도와 독도는 우리나라 땅이 되었지.

안용복의 활약으로 일본은 독도가 조선의 영토임을 인정하는 문서를 조선에 보내 왔어. 훗날, 일본은 주인 없는 독도를 자신들이 차지한 것이라 우겼어. 하지만 이미 훨씬 오래전에 독도는 조선의 땅이라고 인정한 셈이지.

우리 역사 속의 섬

　우리나라 역사에서 굉장한 주목을 받았던 몇몇 섬이 있어. 대표적으로 완도가 있어. 신라 말, 장보고가 완도에 청해진이라는 무역 기지를 설치했다는 사실 기억나지? 오늘날 완도에는 육지와 연결된 다리가 놓여 쉽게 오갈 수 있지만, 청해진이 만들어졌을 때는 육지와 떨어진 섬이었어.

　강화도 역시 빼놓을 수 없어. 몽골과 청나라의 침입을 받았을 때 고려와 조선의 왕실이 피란한 곳으로 잘 알려져 있지. 강화도는 고려의 수도였던 개경과 조선의 수도였던 한양에서 아주 가까워 피신하기 편했어. 게다가 육지와 강화도 사이의 좁은 물길은 물살이 아주 거세서 고려는 강화도를 임시 수도로 삼아 몽골군을 상대로 오랫동안 저항을 이어갈 수 있었지.

　우리나라의 대표적인 관광지인 제주도 역시 역사에 종종 등장했어. 제주도는 고려 시대 삼별초의 마지막 근거지였고, 고려가 원나라에 무릎을 꿇은 이후에는 몽골 사람들이 말을 키우던 곳이었거든. 또 조선 시대에는 한양에서 가장 멀리 떨어진 곳이어서 죄인을 귀양 보내는 유배지이기도 했지.

영조가 탕평비를 세운 이유는?

"오늘은 내가 그대들에게 새로운 음식을 대접하려고 하오."
정성껏 차려진 밥상에 처음 보는 음식이 있었어. 가늘게 썬 청포묵 위에 채를 썬 쇠고기와 미나리, 김을 무쳐 낸 음식이었지.
"이 음식의 이름은 탕평채요!"
음식의 이름을 듣는 순간 신하들은 깜짝 놀랐지. 신하들이 깜짝 놀란 이유는 무엇일까?

1724년, 조선의 제21대 왕 영조가 즉위할 즈음에도 여전히 붕당 사이의 다툼은 끊이지 않았어. 서인은 노론과 소론으로 또다시 쪼개졌고 사사건건 상대를 향해 으르렁거렸지. 왕위에 오른 영조는 오랫동안 이어진 붕당 정치를 끝내고 싶었어. 상대 붕당에 대한 견제가 너무 지나친 나머지 서로를 헐뜯고 모함하는 일이 일상처럼 벌어졌거든.

영조는 신하들을 불러 모아 탕평책을 펼쳐 붕당끼리의 싸움을 없애겠다고 선언했어. '탕평'은 '그 어느 쪽으로도 치우치지 않는다'는 뜻이야. 이때 영조는 신하들과 함께 탕평채를 먹었다고 전해지지. 여러 가지 재료가 골고루 어우러져 맛을 내는 탕평채를 먹으며 신하들이

◀ 탕평채
영조가 신하들과 탕평책을 논의할 때 청포묵 무침 요리가 상 위에 올랐는데, 이 요리에 탕평채란 이름을 붙였다고 해.

자기 뜻을 알아주기를 바랐던 거야.

영조는 붕당을 따지지 않고 고르게 관직에 임명했어. 또 성균관에 '탕평비'라는 커다란 비석을 세웠지. 비석에는 '사람을 두루 사귀되 가리지 않음은 곧 군자의 공정한 마음이요, 편을 가르고 두루 사귀지 않는 것은 소인의 사사로운 마음이다'라는 글이 새겨져 있었지. 장차 훌륭한 관리가 되려면 자기 붕당 사람들은 물론 다른 붕당의 사람들과도 잘 어울려야 한다는 왕의 바람이 담겨 있었던 거야.

▲ 영조
조선의 제21대 왕이야. 무려 52년간 재위하며 나라를 다스렸지.

이제부터 당파에 상관없이 인재를 고루 등용하겠소.

영조의 노력으로 붕당 간의 대립은 어느 정도 해소되었어. 하지만 영조 역시 붕당 정치를 완전히 끝내지는 못했단다. 영조의 통치에 불만을 품은 일부 소론 세력이 반란을 일으

켰거든. 화가 난 영조는 소론 신하들 대부분을 관직에서 쫓아내고 벌을 내렸어. 이로써 소론 세력은 조정에서 힘을 잃고 말았지.

▶ **탕평비**
영조가 성균관 입구에 세운 비석이야. 성균관의 학생들이 장차 벼슬길에 올랐을 때 어느 한 당파에 치우치지 않았으면 하는 왕의 뜻이 담겨 있지.

조선의 임금은 얼마나 오래 살았을까?

영조는 역대 조선 왕 중 가장 오래 살고, 가장 오래 왕위에 머문 왕이야.

흔히 사람들은 조선의 왕들이 영조처럼 장수했을 거라 여기곤 해. 왕은 좋은 음식을 먹고 무엇이든 원하는 대로 했을 거라고 생각하니까 말이야. 하지만 조선 시대의 왕들은 대부분 그리 오래 살지 못했어.

물론 임금은 영양가 높고 맛있는 음식을 매일 먹을 수 있었어. 하지만 조선의 왕은 아침부터 잠자리에 들 때까지 많은 일을 해야 했어.

임금은 해가 뜨기 전에 일어나 대비나 왕대비에게 문안을 올리는 것으로 하루를 시작했어. 그리고 해가 뜰 무렵에는 신하들과 함께 경연에 참석해 학문과 정치에 관해 토론을 벌였단다. 이렇게 경연이 끝나면 아침 식사를 하고 조회를 열었어. 조회가 끝난 뒤에는 신하들에게서 업무를 보고 받아 일을 처리했지.

정오가 되면 간단히 점심 식사를 하고, 주강이라고 하는 낮 공부에 참석해 학문을 익혔어. 그후 다시 신하들을 만나 업무를 보았지. 저녁이 되어도 왕은 공부를 손에서 놓을 수 없었어. 저녁 공부인 석강에 참여한 뒤에야 저녁 식사를 하고 휴식을 취할 수 있었지. 하지만 낮 동안 처리하지 못한 업무가 있으면 저녁을 먹은 뒤에도 일을 해야만 했단다.

밤이 되고 잠자리에 들기 전, 임금은 다시 대비나 왕대비에게 문

생각 톡톡

생각 톡톡

안을 올렸어. 그리고 책을 읽다가 꽤 늦은 시간에야 잠자리에 들었지. 이렇게 할 일이 많았기 때문에 조선 국왕들은 쉬거나 잠잘 시간이 많이 모자랐고, 건강을 잃는 경우가 많았던 거야. 이 때문에 오래 사는 것과는 거리가 멀었단다. 실제로 조선 시대 왕들의 평균 수명은 46세였다고 해.

하지만 영조는 평소 과식하지 않고, 항상 정해진 시간에 식사를 했으며 고기를 즐겨 먹지도 않았지. 이런 건강한 식습관 때문인지 영조는 아주 오랜 기간 재위했어.

조선 왕의 24시간

정조는 왜 수원 화성을 만들었을까?

"아빠, 우리 이사 가는 거예요?"
"응. 이곳에 커다란 무덤이 만들어진다는구나. 얼른 짐을 싸렴."
이사를 가야 한다는 아빠의 말에 여름이는 깜짝 놀랐어. 여름이가 사는 마을에 임금님 아버지의 무덤이 새로 만들어진댔거든. 마을 사람들은 모두 옆 동네에 세워질 새 마을로 이사해야 했어.
여름이와 마을 사람들이 함께 살게 될 새로운 마을은 어떤 곳일까?

영조에게는 사도 세자라는 아들이 있었어. 어려서부터 사도 세자는 엄하고 성격이 급한 아버지를 두려워했어. 영조는 장차 나라를 이끌어 갈 세자가 자기 앞에서 벌벌 떠는 모습을 늘 못마땅하게 여겼지. 그래서 세자를 볼 때마다 더 엄하게 대했다고 해.

세자는 자라면서 아버지와 점점 더 큰 갈등을 일으켰어. 기록에 따르면 내시와 궁녀를 해치기도 하고 정신 이상이 의심되는 행동을 했다고 해. 세자가 이상한 행동을 하거나 실수를 할 때마다 영조는 세자를 엄하게 꾸짖었어. 둘 사이는 더 이상 화해가 어려울 정도로 벌어지고 말았지.

그러던 어느 날, 세자를 못마땅하게 여기던 영조가 무서운 명령을 내렸어. 세자에게 스스로 목숨을 끊으라고 명한 거야. 세자는 영조에게 살려 달라고 빌었지만 영조는 매우 단호했지. 결국 영조는 세자를 뒤주*에 가두었어. 뒤주에 갇힌 세자는 굶주리다 며칠 만에 세상을 떠나고 말았어. 비록 자신의 손으로 세자를 가두었지만 세자가 죽었다는 소식에

뒤주
곡식을 보관하는 나무로 만든 상자 같은 것을 말해.

영조는 후회하며 슬퍼했다고 해.

영조가 세상을 떠나자 영조의 손자이자 사도 세자의 아들인 정조가 즉위했어. 정조는 비참하게 목숨을 잃은 아버지의 명예를 회복하고 싶었어.

정조는 아버지 사도 세자의 무덤을 명당*으로 알려진 수원 화산으

명당
풍수지리에서 좋은 기운이 있는 터를 말해. 그 자리에 무덤을 만들거나 집을 지으면 후손에게 좋은 일이 생긴다고 하지.

로 옮기기로 했어. 그리고 이곳에 살던 사람들이 옮겨 살 곳에 새로운 도시를 만들기로 했지. 여름이가 살고 있던 동네는 바로 그 사도 세자의 무덤이 지어질 곳이었던 거야. 그리고 여름이네는 근처 팔달산 아래에 새로 지어질 도시로 옮겨 갈 예정이었어. 이곳에 새로 쌓은 성이 수원 화성이란다.

정조는 수원 화성을 통해 새로운 조선을 만들어 나갈 계획을 세웠어. 바로 이곳을 정치, 군사, 경제의 새로운 중심지로 삼아 개혁 정치를 펼치겠다는 뜻이었지.

▲ **수원 화성의 남문인 팔달문**
수원 화성에서 가장 크고 화려한 건물이야. 원래 성벽이 연결되어 있었지만 도로를 만들며 헐어 버렸기 때문에 지금은 성문만 남아 있지.

그런 정조의 의지가 담긴 만큼 수원 화성은 여러 면에서 다른 성들과 달랐어. 주변의 자연환경을 해치지 않으면서 성벽의 아랫부분은 전통 방식대로 큰 돌을 쌓아 올렸고, 그 위로는 벽돌을 쌓아 성을 완성했지. 또한 공사에 참여한 사람들에게 오늘날처럼 급료를 주었어. 백성을 강제로 동원해서 일을 시키던 이전과는 다른 모습이었지. 또 무거운 물건을 쉽게 들어 올리는 '거중기'라는 새로운 기계를 만들어 공사에 활

거중기 덕분에 무거운 돌을 쉽게 수레에 실을 수 있구먼!

용했어. 덕분에 10년의 공사 기간을 예상했던 수원 화성은 3년도 되지 않아 완성되었단다.

성을 다 짓고 난 후에는 성을 세우는 과정을 하나하나 정리해 《화성성역의궤》라는 책을 만들었어. 이 《화성성역의궤》 덕분에 일제 강점기와 6·25 전쟁을 겪으며 크게 파괴되었던 수원 화성을 옛 모습 그대로 되살릴 수 있었지. 수원 화성은 1997년에 유네스코 세계 문화유산으로 등재되었어.

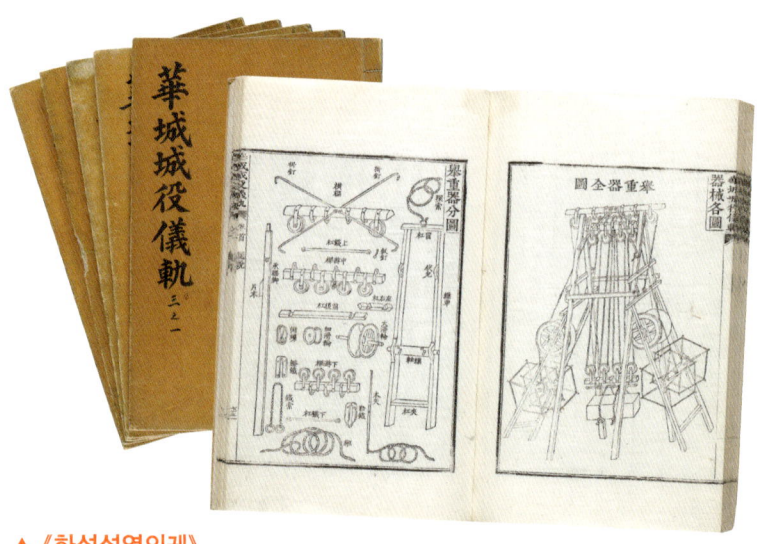

▲ 《화성성역의궤》
수원 화성 공사에 대한 모든 걸 정리한 책이야. 이 의궤 덕분에 일제 강점기와 6·25 전쟁을 겪으며 훼손된 건축물을 원형에 가깝게 복원할 수 있었지.

정조는 한강을 어떻게 건넜을까?

효심이 지극했던 정조는 수원에 있는 아버지 사도 세자의 무덤을 자주 찾았어. 특히 어머니 혜경궁 홍씨가 환갑이 되었을 때는 그 어느 때보다 성대하게 행차했지. 이때 정조와 혜경궁 홍씨를 포함해 신하들과 군사들, 궁녀들과 음악을 연주하는 악단까지 그 행렬의 길이만 해도 1킬로미터가 넘었다고 해.

이런 거대한 행렬이 수원으로 향할 때 가장 큰 문제는 바로 한강이었어. 한꺼번에 이 많은 사람을 일일이 배에 태워 나르기엔 시간도 오래 걸리고 번거로웠거든. 그래서 배를 타지 않고도 강을 건널 수 있는 특별한 다리가 만들어졌어. 바로 배를 연결해 강 위에 다리를 놓은 거야. 이 다리를 '배다리'라고 해.

배다리는 한강을 가로질러 일정한 간격으로 수십 척의 배를 놓고 그 위에 널빤지를 까는 식으로 만들었어. 배다리 위를 건너는 엄청난 행렬이라니, 생각만 해도 멋지지 않니?

당시 사람들에게도 왕의 행차는 큰 구경거리여서 정조가 행차할 때마다 백성들이 왕의 행렬을 보기 위해 구름처럼 모여들었다고 해.

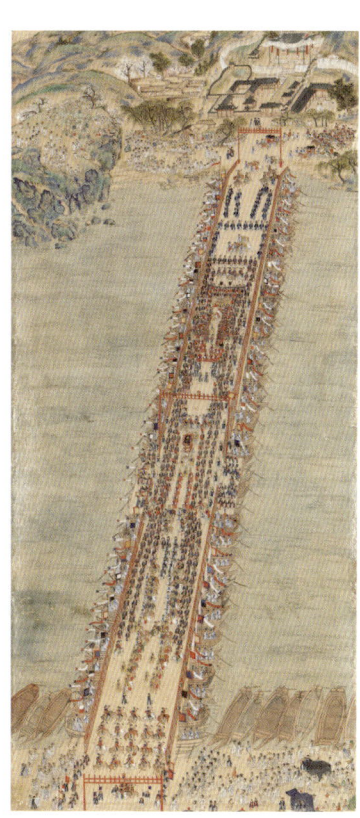

▲ 〈한강주교환어도〉
정조가 노량진에 지어진 배다리를 건너 창덕궁으로 돌아오는 모습을 그린 그림이야.

생각 톡톡

정조는 조선을 어떻게 바꿨을까?

"할바마마, 제발 아버지를 꺼내 주세요. 흑흑."
"어허, 누가 세손을 여기에 들였느냐? 얼른 데리고 나가거라!"
세손이 뒤주 앞에서 눈물을 흘리며 영조에게 빌었어. 하지만 영조는 세손의 간절한 부탁을 외면했지. 세손은 언젠가는 꼭 좋은 왕이 되어 아버지의 억울함을 풀겠다고 마음먹었어. 이 세손은 누구일까?

정조는 세손이었을 때, 아버지 사도 세자가 뒤주에서 목숨을 잃는 걸 지켜보았어. 그래서 정조의 세손 시절은 불안하고 힘들었지. 하지만 영특한 정조는 할아버지 영조의 사랑을 한 몸에 받았어. 또 세손 때부터 할아버지를 도와 나랏일을 잘 처리했지. 결국 정조는 영조의 뒤를 이어 왕위에 올랐어.

정조는 할아버지가 그랬던 것처럼 나라를 잘 다스리고 싶었어. 그래서 '규장각'이라는 왕실 도서관을 만들어 젊고 능력 있는 관리들을 모아 학문을 연구하게 했지. 규장각의 관리들은 왕과 함께 나라의 정책을 연구하고 토론을 벌였어. 이때 정조가 뽑은 젊은 관리 중에는 정약용 등 훗날 이름을 날린 인물들이 여럿 있단다.

정조 역시 영조가 그랬던 것처럼 탕평책을 펼쳤어. 어느 한 붕당에 치우치지 않고 능력이 뛰어난 사

▲ 〈규장각도〉
정조는 왕실 도서관인 규장각을 만들고 8만여 권에 달하는 책을 이곳에 보관했어. 또 젊은 관리들을 뽑아 이들과 함께 정책을 연구하고 많은 책을 펴냈지.

▲ 《대전통편》
정조 시기 조선 시대의 주요 법전인 《경국대전》과 《속대전》 등을 한데 묶어 정리한 책이야. 정조는 법전 및 국가 기록을 정리하여 다시 펴내는 사업을 활발히 추진했지.

람이 있으면 관직을 주었지.

　뿐만 아니라 서얼들에게도 벼슬길을 열어 주었어. 이전까지만 해도 서얼들은 본처의 자식이 아니라는 이유로 문신을 뽑는 과거 시험인 문과에 응시할 수 없었어. 하지만 정조는 서얼 중에 학문이 뛰어난 사람들이 관직에 나올 수 있도록 했지.

　정조는 정치뿐 아니라 백성의 삶에도 관심을 기울였어. 정조가 즉위하기 전까지만 해도 한양에서 가장 번화한 종로에서 장사할 수 있는 건 나라에서 허가를 내준 시전 상인들뿐이었어. 시전 상인들은 조

정에서 요구하는 물품을 나라에 바치고 그 대가로 독점적으로 장사할 수 있는 권리를 얻었지. 또한 나라의 허가를 받지 않고 장사하는 난전을 규제할 수 있는 권한까지 주었어. 시전 상인들이 난전을 단속할 수 있는 권한을 '금난전권'이라고 해.

그렇지만 상업이 점점 발전하면서 수많은 난전이 생겨났지. 시전 상인들이 난전 상인들의 물건을 빼앗거나 장사를 막아도 장사를 하고자 하는 백성이 많아졌어. 농업 기술이 발전하면서 농산물의 생산량이 늘고 고추나 담배 같은 상품 작물의 재배도 많아졌기 때문이야. 그러자 정조는 금난전권을 폐지해 많은 상인이 자유롭게 장사할 수 있게 했어. 금난전권의 폐지로 상업은 더욱 활기를 띠게 되었지.

정치, 사회, 경제 등 각 분야에서 개혁을 추진한 정조의 노력으로 조선의 사회와 문화는 크게 발전하고 백성들의 삶도 더 안정될 수 있었단다.

정조가 사랑한 신하, 정약용

생각 톡톡

정조 때 활약한 여러 신하 중에서도 정약용은 정조의 두터운 신임을 받았어. 정조와 정약용의 인연은 정약용이 성균관 유생이었던 때로 거슬러 올라가. 정약용은 정조가 직접 문제를 낸 시험에서 뛰어난 답을 해서 정조의 눈에 띄었지. 정조는 그때부터 정약용을 자주 불러 시를 짓게 하거나 여러 가지 주제에 대해 이야기를 나누었어.

정약용이 관직에 오르자 정조는 그에게 중요한 일을 많이 맡겼어. 먼저 정조의 아버지 사도 세자의 무덤을 찾아갈 때 왕의 행렬이 한강을 무사히 건널 수 있도록 배다리를 만들도록 했지. 정약용은 강물의 흐름, 배 사이의 간격, 다리의 너비와 두께 등을 꼼꼼하게 계산해 멋진 배다리를 완성했어. 정조는 완성된 배다리를 보며 크게 기뻐했다고 해.

이후 정조는 새로운 조선을 열겠다는 자신의 꿈을 실현하기 위해 정약용에게 수원

화성을 설계하는 일을 맡겼어. 정약용은 자신의 과학 지식을 총동원한 것은 물론 청나라를 통해 구한 서양의 기술 도서를 연구해서 화성의 설계도를 완성했어. 거기다 성을 쌓을 때 백성들의 수고를 덜어 줄 거중기라는 기구를 발명하기도 했지.

또한 정약용은 암행어사로서 부정한 관리들을 잡아들이는 등 큰 활약을 펼치기도 했어.

하지만 정약용의 삶은 정조가 갑작스럽게 세상을 떠나면서 순식간에 바뀌었어. 정조가 세상을 떠나자마자 유배를 가게 되었거든. 정약용은 오늘날 전라남도 강진에서 오래 귀양살이를 했어. 하지만 좌절하지 않고 유배지에서 열심히 학문을 연구하며 책을 썼어. 지방 관리가 어떻게 백성을 다스려야 하는지 설명한 《목민심서》, 공평하게 사건을 수사할 것을 강조한 《흠흠신서》 등이 이 시기에 쓰여진 책들이지.

▲ 다산초당
전라남도 강진에 있는 다산초당은 정약용이 유배 생활을 했던 곳이야.

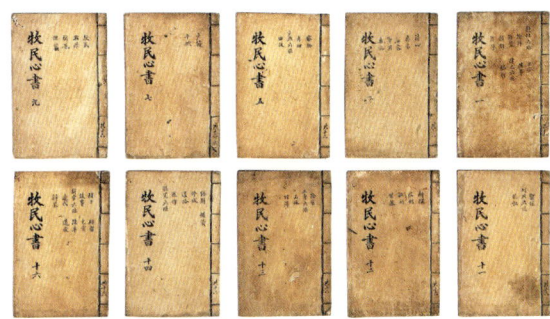
▲ 《목민심서》

모내기가 널리 퍼져 나갔다고?

"아버지, 비가 많이 내려요!"
"걱정했는데 다행이구나. 모내기 직전에 비가 이렇게 많이 내리다니!"
아버지는 바삐 논으로 나가셨어. 진하는 마루에 앉아 주룩주룩 비가 내리는 모습을 지켜보았지.
진하의 아버지는 왜 비를 보고 다행이라고 말씀하셨을까?

조선 후기에는 경제적으로 커다란 변화가 일어났어. 우선 모내기법(이앙법)이 전국으로 보급되었어. 모내기란 볍씨를 별도의 장소에서 키우다가 싹이 트면 논으로 옮겨 심는 방법이야. 모내기법으로 농사를 지으면 여러 장점이 있었어. 먼저 모내기를 하는 5월 전까지는 논이 비어 있으니 보리 같은 다른 작물을 키울 수 있었어. 그리고 싹을 틔우는 과정에서 죽어 버린 볍씨나 잡초를 솎아 내기도 쉬웠지. 이미 싹을 틔운 벼를 옮겨 심는 거라 논에 바로 씨앗을 뿌리는 직파법보다 노동력은 더 적게 들면서도 더 많은 곡식을 수확할 수 있었어.

그런데 나라에서는 오랫동안 모내기법을 금지했어. 모내기를 하려면 논에 물을 대고 모

▲ 〈경직도〉에 묘사된 모내기
물을 댄 논에 농민들이 싹을 틔운 벼를 심고 있는 모습이 잘 묘사되어 있어.

를 옮겨 심어야 하는데, 이때 가뭄으로 물이 부족하면 벼가 완전히 말라 죽거든. 잘못하면 한 해 농사를 아예 망쳐 버릴 수 있었지. 이런 이

직파법과 모내기법

▲ **직파법**
땅에 직접 씨앗을 뿌려 벼를 재배하는 농사법이야. 직파법은 잡초를 뽑는 데 노동력이 많이 들고 수확량은 적지만, 가뭄이 들었을 때 피해가 적었지.

▲ **모내기법**
물을 댄 논에 싹을 틔운 벼를 옮겨 심어 재배하는 농사법이야. 직파법보다 수확량이 많고 노동력도 덜 들었지만 가뭄에 취약했어. 조선 후기에 전국적으로 확대되었어.

유로 조정에서는 직파법을 장려했어. 그렇지만 모내기법은 쌀을 많이 생산할 수 있었기 때문에 전국으로 퍼져 나갔지. 모내기를 준비하고 있던 진하 아빠는 비가 내려 안심하고 모내기를 할 수 있게 되자 좋아했던 거야.

모내기법이 널리 보급되면서 농촌 사회는 많이 바뀌었어. 농민 한 사람이 농사지을 수 있는 땅이 넓어졌고, 농업 생산량이 늘면서 재산을 모은 농민이 일부 나타나기도 했지.

또 이 무렵 조선에는 고구마, 감자, 고추 같은 새로운 농작물이 외국에서 들어왔어. 상품 작물 재배도 활기를 띠었어. 농민들은 밭에서 인삼, 담배, 목화와 모시, 마늘이나 오이 등을 길러 시장에 내다 팔았지.

▲ 김홍도의 풍속화 〈담배 썰기〉

이 과정에서 부유한 농민이 생겨났어. 하지만 대부분의 농민들은 여전히 가난에 시달렸단다.

김치에는 처음부터 매운 고춧가루가 들어갔을까?

 우리나라를 대표하는 음식으로 가장 많이 손꼽는 것이 김치야. 흔히 김치 하면 붉은 고춧가루가 들어간 모습을 떠올리지. 그런데 김치에 고춧가루를 버무리기 시작한 건 그리 오래되지 않았어.

 원래 우리 조상들이 즐겨 먹던 김치는 채소를 소금이나 장에 절인 것이었어. 오늘날처럼 속이 꽉 찬 배추로 김치를 담그기 시작한 것도 1850년대의 일이지. 고추가 김치에 들어가기 시작한 건 그보다 앞선 1700년대였어. 고추는 임진왜란 전후로 중국과 일본을 통해 우리나라에 전해졌지. 기록에 따르면 김치에 고추를 넣기 시작한 처음에는 말린 고추 몇 개를 넣어 맛이나 향을 더하는 정도였다고 해. 그러다가 점차 오늘날처럼 고춧가루를 넣어 버무리는 형태가 된 것이지.

◀ 백김치

생각 톡톡

전국에 시장이 생기기 시작했다고?

"엿 사세요, 엿!"
북적북적한 시장 안, 덕보는 큰 소리로 외치며 엿을 팔았어. 시장 한 편 씨름판에서는 덩치 좋은 젊은이들이 팽팽하게 승부를 겨루고 있었지. 사람들은 주변에 둘러앉아 각자 응원하며 씨름을 구경하고 있었어.
시장은 언제부터 만들어졌을까? 그리고 조선 시대의 시장은 어떤 모습이었을까?

조선 후기, 모내기법의 확산 등으로 농업 생산량이 늘자 농민들은 남은 곡식을 시장에다 내다 팔기 시작했어. 시장에 내다 팔기 위해

담배나 모시, 인삼 같은 상품 작물들도 많이 재배했지. 또한 수공업도 발달하면서 사고팔 물건들이 늘어났어.

이런 변화들이 함께 어우러지면서 조선 후기에는 여러 곳에서 시장이 발달했어. 지방에 섰던 장을 '장시'라 불렀는데, 5일이나 7일에 한 번 서던 장시가 사람들이 몰리면서 3일에 한 번으로 바뀌기도 했지.

이렇게 전국적으로 상업이 발전하면서 물건을 사고파는 일이 늘자 더 이상 쌀이나 옷감으로 물물교환을 할 수 없었어. 쌀과 옷감은 너무 크고 무거웠으니까 말이야. 그래서 부피가 작고 가지고 다니기 편한 화폐를 사용하기 시작했어. 이때 사용한 화폐가 바로 '상평통보'야.

상평통보는 조선 시대에 가장 오래, 또 폭넓게 쓰인 화폐였어. 시장에서 물건값을 치를 때는 물론 세금을 낼 때도 상평통보를 사용했지.

시장이 서는 날에는 줄타기나 탈춤 등의 공연도 곳곳에서 열렸어. 씨

◀ 상평통보

▲ 김홍도의 풍속화 〈씨름〉

름판이 벌어져 사람들의 관심을 집중시키기도 했지. 이런 구경거리가 있는 곳에는 덕보처럼 엿이나 떡 등 요깃거리를 파는 장수들도 모여들었어. 그래서 시장은 양반, 상민, 어른, 아이 할 것 없이 많은 사람으로 북적였단다.

백성의 삶을 그린 두 명의 화가

　사람들이 생활하는 모습을 담은 그림을 '풍속화'라고 해. 조선 후기에 김홍도와 신윤복이 풍속화의 대표 화가로 이름을 날렸어.

　두 사람은 백성의 삶을 주로 그렸지만 각자 관심사가 달랐어. 김홍도는 주로 서민들의 일상을 그림에 담았는데, 꼼꼼하게 관찰한 장면들을 익살스럽고 재치 있게 풀어 냈어. 김홍도의 대표작 〈서당〉을 보면 선생님께 혼이 나 울고 있는 아이, 뒤에서 키득거리는 개구쟁이 친구들의 모습이 잘 묘사돼 있지.

▲ 김홍도의 풍속화 〈서당〉

　신윤복은 주로 도시 사람과 여성들의 삶을 소재로 삼았어. 대표작 〈단오풍정〉을 보면 단옷날 여인들이 모여 흐르는 물에 몸을 씻고 머리를 감던 풍습이 잘 나타나 있어. 여인들이 목욕하는 것을 숨어서 엿보고 있는 동자승의 모습도 보이지. 김홍도의 그림이 한국적인 정취와 생동감을 느끼게 한다면 신윤복의 그림에서는 섬세한 아름다움을 느낄 수 있어.

▲ 신윤복의 풍속화 〈단오풍정〉

양반이 되는 방법이 따로 있다고?

"문식아, 이제 양반이라는 사실을 잊으면 안 되느니라, 에헴."
"힝. 동무들이랑 나가서 놀기로 했단 말이에요!"
아버지가 몰래 놀러 나가려던 문식이를 붙들어 왔어. 아버지는 문식이에게 양반이 되었으니 이제부터 체면을 지켜야 한다고 하셨지. 며칠 전까지만 해도 상민이었던 문식이네 가족은 어떻게 양반이 되었을까?

왜란과 호란을 겪으면서 조선의 인구는 크게 줄어들었어. 전쟁으로 수많은 사람이 목숨을 잃거나 포로로 끌려갔기 때문이야. 큰 전쟁을 겪으면서 나라에 돈이 들어갈 곳은 많은데 세금을 낼 사람은 적었지.

이때 조정에서는 양반이라는 신분을 팔아 부족한 세금을 메우려고 했어. 때마침 상업과 수공업이 발달하고 농업 생산량이 늘어나 많은 재산을 모은 상인과 농민이 등장했지. 이들은 그동안 모은 재산으로 양반 신분을 샀어. 문식이네 아버지도 이때 양반 신분을 샀던 거야.

양반이 되는 대표적인 방법은 양반의 족보를 사는 것이었어. 족보란 한 가문의 자손들의 이름과 관계를 기록한 책이야. 농사나 장사를 통해 돈을 번 상민이 몰락한 양반 가문의 족보를 사서 양반 신분을 얻는 것이지.

양반이 되는 또 다른 방법은 공명첩을 받는 것이었어. 공명첩은 '이름 칸이 비어 있는 관

직 임명장'이야. 나라에 돈을 바치면 그 대가로 빈칸에 돈을 낸 사람의 이름을 적어 주었지. 이 공명첩으로 관직을 받으면 양반이 되는 것이었지.

그런데 사람들은 왜 돈을 내고 양반이 되려고 했을까?

양반이 되면 나라로부터 각종 세금을 면제 받을 수 있었기 때문이었어. 당장은 큰돈이 들지만, 평생 세금을 내지 않아도 되니 결국 이익

공명첩으로 관직을 받았으니 이제 나도 양반이로구나!

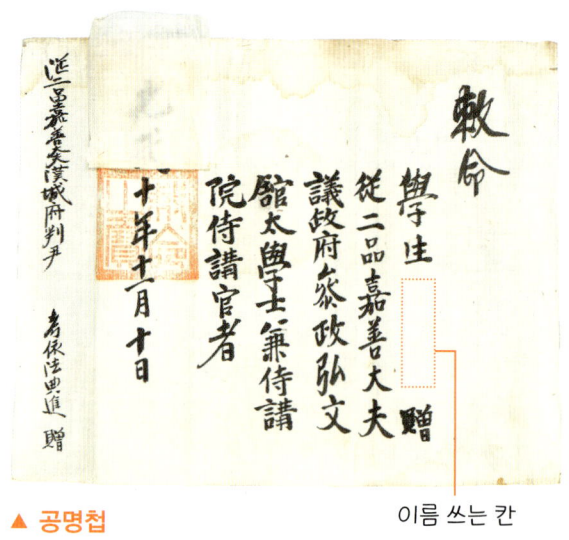
▲ 공명첩　　　이름 쓰는 칸

이라고 생각한 거야. 나라에서는 공명첩으로 당장 써야 할 급한 돈을 구할 수 있었어. 하지만 이렇게 양반이 늘어나면서 대부분의 세금을 내는 상민이 줄어들었지. 그 결과 나라 살림은 어려워질 수 밖에 없었단다.

이렇게 양반 신분을 산 사람들이 있는가 하면 양반인데도 제대로 체면치레조차 못하는 사람도 생겨났어. 대대손손 과거에 합격해 벼슬살이하며 권세를 이어 간 양반도 있었지만, 지방의 양반들 중에선 벼슬을 못하고 동네에서만 양반 행세를 하는 사람이 늘었지. 몰락한 양반을 '잔

반'이라고 하는데, 잔반은 생계를 이어 가기 위해 직접 농사를 짓거나 베 짜는 일을 하기도 했단다.

양반이지만 양반이 아닌 사람들

　조선 시대의 소설 《홍길동전》의 주인공 홍길동은 무척 똑똑했어. 하나를 가르치면 백을 알았고 무술 실력도 뛰어났지. 하지만 홍길동은 자기 뜻대로 능력을 펼칠 수 없었어. 왜냐면 홍길동의 아버지는 양반이었지만 어머니는 노비였거든.

　조선 시대에는 양반 가문에서 태어났다 하더라도 어머니의 신분에 따라 자녀의 신분이 결정되었어. 당시 양반은 부인을 여럿 둘 수 있었지만 정식 부인인 본처는 오로지 한 명 뿐이었지. 본처 이외의 부인은 '첩'이라 불렀어. 첩의 신분에 따라 그 사이에 태어난 이들을 부르는 이름도 달라졌지. 첩이 양인 출신이면 자식들은 '서자', '서녀'로, 첩의 신분이 천민이면 '얼자', '얼녀'로 불렀어. 이들을 통틀어서 '서얼'이라고 했지. 서자와 얼자는 양반가의 교육을 받고 자라긴 하지만 관리가 되기 위한 문과 시험은 볼 수 없었어. 대신 잡과에 응시해 의원이나 통역관이 되었지.

　정조 때에 이르러 서얼들이 관직에 진출할 수 있게 되었지만 서얼에 대한 차별은 완전히 없어지지 않았단다.

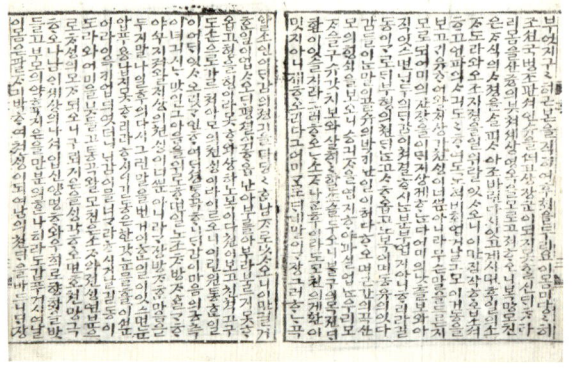

◀ 《홍길동전》은 광해군 때 허균이 지은 것으로 우리나라 최초의 한글 소설이야.

실용을 중요하게 여긴 학자들이 나타났다고?

"이 물고기는 길이가 한 자에, 생김새가……."
만복이는 한양에서 온 어르신이 마당에서 물고기 관찰하는 걸 보았어. 어르신은 막 잡은 물고기를 이리저리 보며 길이를 재고 무언가를 기록했지. 여기서는 흔한 물고기지만 어르신한테는 의미가 좀 달랐던 모양이야. 만복이는 궁금했어.
'왜 물고기를 열심히 관찰하시는 걸까?'

조선 후기에 이르러 신분제는 크게 흔들렸어. 재산을 모은 농민은 관직을 사서 양반이 되고, 몰락한 양반들은 상민처럼 직접 농사를 짓는 등 예전이면 상상할 수 없었던 일들이 일어났지. 그런가 하면 농업 생산이 늘어나고 상품 작물을 재배하면서 전국에 장시가 발달하는 등 경제도 크게 변하고 있었어.

일부 지식인들은 이런 사회 변화에 관심을 가졌어. 그리고 앞으로 조선 사회가 어떻게 나아가야 할지, 어떻게 해야 백성들이 잘살 수 있을지 고민했지. 서양의 학문과 과학 지식에도 관심을 가졌어.

이런 학자들을 '실학자'라고 부르고, 이들이 연구한 학문을 '실학'이라고 해. 만복이가 지켜보았던 어르신 역시 실학자로서 물고기를 연구하고 있던 거였어.

실학자들은 현실 문제를 해

결하고자 했기 때문에 실제 도움이 되는 실용적이고, 증명할 수 있는 학문을 연구했어. 실학자들의 연구 분야는 매우 넓었지.

유형원이나 이익, 정약용처럼 농민이 골고루 땅을 가지려면 토지 제도를 어떻게 고쳐야 하는지 연구한 실학자들도 있었고, 조선이 부강해지려면 청나라처럼 상공업을 발전시켜야 한다고 주장한 실학자들도 있었어. 이들은 청나라를 자주 오가며 청나라의 발전된 모습을 똑똑히 보았기 때문에 이런 생각을 갖게 됐지. 이런 주장을 펼쳤던 사람들을 따로 '북학파'라 부르기도 해. 박지원, 박제가, 홍대용 등이 북학파의 대표적인 학자들이야.

현실 문제를 해결하기

위해 고민을 거듭하는 과정에서 조선이라는 나라가 자리 잡은 한반도에 대한 호기심도 커졌어. 우리가 살고 있는 땅에 대한 관심은 이중환의 《택리지》와 같은 책과 김정호의 〈대동여지도〉와 같은 정밀한 지도 제작으로 연결됐지.

우리 역사를 깊게 연구한 실학자들도 있었어. 안정복은 우리나라 역사를 한데 정리한 《동사강목》이라는 책을 내놓았고, 유득공은 최초로 발해 역사를 정리해 《발해고》를 썼단다.

▲ 〈대동여지도〉

지도 한 장이 사람들의 생각을 바꿨다고?

청나라에 사신으로 다녀온 사람들을 통해 여러 가지 새로운 문화가 전해졌어. 그 중 지도 한 장이 조선 사람들의 생각을 바꿔 놓는 계기가 되었지.

〈곤여만국전도〉라 불리는 이 지도는 중국에 머물던 선교사 마테오 리치가 만들었어. 오늘날의 세계 지도와 크게 다르지 않았는데, 이 지도가 조선에 전해지면서 사람들의 생각이 조금씩 바뀌기 시작했대. 당시 조선 사람들은 세계의 중심을 중국이라고 생각했어. 그래서 〈혼일강리역대국도지도〉처럼 이전에 우리나라에서 그린 세계 지도를 보면 세상의 절반이 중국일 정도였어. 하지만 〈곤여만국전도〉에서 중국은 세계를 이루고 있는 여러 나라 중 하나로 나타나 있지. 중국이 세상의 중심이 아니라는 생각이 사람들 사이에 조금씩 퍼지면서 중국을 대하는 태도도 서서히 변화하기 시작했단다.

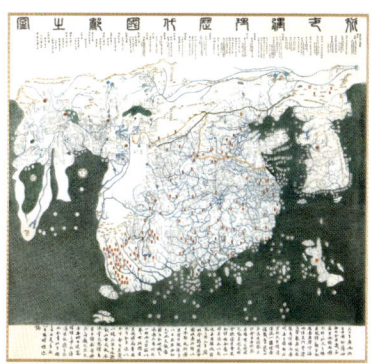
▲ 〈혼일강리역대국도지도〉

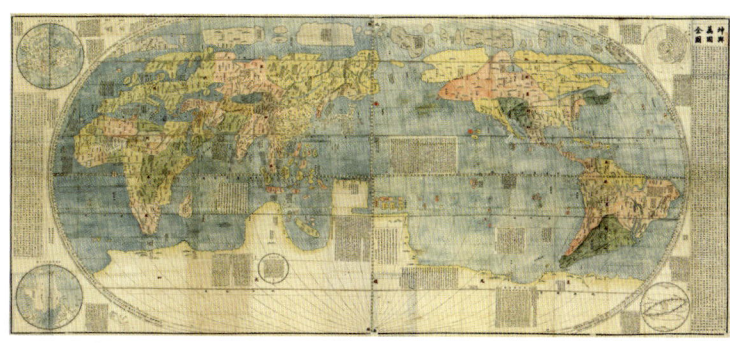
▲ 〈곤여만국전도〉

왕보다 더 힘이 센 양반이 있었다고?

"김 대감 댁의 문턱이 닳아 없어지겠어. 쯧쯧."
사람으로 북적이는 김 대감 집을 보며 동네 어르신들이 혀를 끌끌 찼어.
"관직을 얻으려고 멀리서 저렇게 귀한 물건을 들고 온다지 뭐요."
어른들의 말을 듣던 현준이는 고개를 갸우뚱했어.
'관리가 되고 싶다면서 왜 김 대감 댁으로 가는 걸까?'

정조가 갑작스럽게 세상을 떠나자 순조가 11살의 어린 나이로 왕위에 올랐어. 그러자 나이 어린 임금을 대신해서 왕비를 배출한 가문이 권력을 잡았지.

순조에 이어 헌종과 철종까지 약 60년 동안 계속해서 이런 일이 반복되었어. 이 기간 동안 소수의 몇몇 가문이 권력을 독점했어. 이들이 중심이 되어 정치를 이끌어 간 것을 '세도 정치'라고 불러.

특히 안동 김씨 가문이 세도 정치의 중심이 되었어. 안동 김씨 가문은 순조의 부인 순원 왕후의 친정 가문이었지. 안동 김씨 가문이 막강해지자 관직을 얻으려는 사람들이 너도나도 찾아와서 벼슬을 구했어. 현준이는 이때 안동 김씨 김 대감

정치는 우리 가문이 알아서 잘 하겠습니다.

에게 뇌물을 바쳐 벼슬을 얻으러 온 사람들을 보았던 거야.

이렇듯 세도 정치가 이뤄지던 시기에는 부정부패가 일상이나 다름없었어. 세도가들은 자기들 멋대로 나랏일을 결정했고, 자신들과 가까운 사람을 높은 자리에 앉혔지. 그 결과 뇌물로 관직을 사고파는 매관매직이 판을 쳤어. 과거 시험도 마찬가지였지. 게다가 과거에 급제하고도 세도가에게 잘 보여야 좋은 관직에 나아갈 수 있었어.

그런데 이렇게 큰돈을 들여 관리가 된 사람들은 백성들의 삶을 돌보는 데는 관심이 없었어. 오로지 백성들을 가혹하게 쥐어짜 자기가 바친 돈보다 더 많은 돈을 얻는 게 목적이었지. 그래서 백성의 삶은 몹시 힘들 수밖에 없었어.

백성들의 불만이 점점 커지자 위협을 느낀 조정도 가만히 있을 수

없었어. 암행어사를 보내 부패한 관리를 잡아 내어 벌하고, 세금 문제를 해결하기 위한 기구도 만들었지. 하지만 큰 효과는 없었단다.

백성들 가운데는 현실의 어려움을 잊기 위해 동학이나 천주교와 같은 새로운 종교에 기대는 사람도 있었어. 일부 농민들은 봉기를 일으켜 무기를 들고 조정에 맞서기도 했어. 하지만 백성들의 어려움은 해결되지 않았어.

봉기
때 지어 세차게 일어난다는 뜻이야.

평범한 농부, 조선의 임금이 되다

생각 톡톡

 강화도에서 농사를 지으며 나무를 베어 내다 팔며 하루하루 살아가던 농부 이원범은 하루아침에 조선의 왕이 되었어. 무슨 일이 일어난 것일까?
 사실 이원범의 할아버지는 조선의 왕족으로, 사도 세자의 여러 자식 중 한 명이었어. 하지만 할아버지와 형이 잇달아 역모 사건에 얽히며 강화도에서 귀양살이를 하게 되었지.
 이원범은 강화도에서 평범한 농부로 살고 있었어. 그런데 이원범의 삶은 헌종이 젊은 나이에 자식을 남기지 못하고 세상을 떠나면서 완전히 바뀌었지.
 당시 왕실의 최고 어른은 순조의 왕비였던 순원 왕후였어. 순원 왕후가 다음 왕으로

생각 톡톡

이원범을 지목하면서 그는 조선의 25번째 왕 철종이 되었어.

 철종이 왕위에 올랐던 때는 세도 정치로 인해 백성들의 고통이 가장 심했던 때였어. 왕이 된 철종은 세도 정치로 인한 문제를 바로잡기 위해 노력했지. 하지만 안동 김씨를 비롯한 세도 가문의 반발로 제대로 실현되지 못했어. 철종은 왕이 된 지 14년 만인 30대 초반, 젊은 나이에 세상을 떠났단다.

▲ 용흥궁
철종이 왕이 되기 전 강화도에서 살던 집이야. 원래는 허름한 초가집이었는데, 철종이 즉위한 이후 건물을 다시 짓고 이름을 용흥궁으로 바꾸었지.

백성들이 늦은 밤에 몰래 도망친 이유는?

"여기 살던 사람들이 모두 떠났나 봅니다. 텅 비어 있어요!"
"집 안을 모두 뒤져라! 뭐든 찾는 대로 관아로 가지고 간다!"
컴컴한 밤, 횃불을 든 사람들이 명임이네 집을 샅샅이 뒤졌어. 이불을 이리저리 들춰 보고 장독대까지 일일이 열어 보았지만 아무도 보이지 않았지.
명임이네 가족은 왜 정든 집을 버리고 도망친 걸까?

⋮

세도 정치가 한창일 때 백성들은 무거운 세금으로 고통 받았어. 새벽부터 늦은 밤까지 꼬박 일을 해도 세금을 내고 나면 자식들을 먹여 살릴 만큼의 식량조차 남지 않았지. 버티고 버티다 도저히 굶주림에서 벗어날 방법이 없자 농민들은 아무도 모르게 마을을 떠났어. 명임

이네 가족도 가혹하게 세금을 걷는 관리들을 피해 몰래 도망쳤지.

당시 백성들에게서 걷던 세금은 크게 세 가지였어. 토지에서 기른 농작물에 세금을 물리는 '전정', 군대에 가지 않는 대신 군포를 걷는 '군정', 그리고 나라에서 곡식을 빌려주고 이자를 붙여 받는 '환곡'이야. 이들 세 가지 세금 거두는 일을 합쳐 '삼정'이라 하지.

돈을 주고 벼슬을 산 부패한 관리들은 자신이 관리가 되려고 썼던 돈을 되찾으려고 했어. 그래서 여러 이유를 대고 정해진 것보다 훨씬 많은 세금을 걷었지. 심지어 군대에 갈 나이가 되지 않은 어린아이와 죽은 사람에게 군포를 걷기도 했어.

문제가 가장 심각했던 것은 환곡이었어. 관리들은 도저히 먹을 수 없는 썩은 곡식이나 모래 섞인 쌀을 빌려주고 돌려받을 때는 제대로 된 쌀을 받았지. 환곡이 필요 없다는 농민에게 억지로 빌려주기도 했어. 심지어는 곡식을 빌리지도 않은 사람에게

이자를 받기까지 했지.

　지방 수령과 세도 가문은 이렇게 백성들에게서 빼앗은 재물로 자기 곳간을 채웠어. 가난한 백성들의 삶은 더욱 어려워져만 갔지. 거기다 흉년과 전염병까지 겹쳐 많은 사람들이 굶어 죽거나 병들어 죽었어. 살기 힘들어진 농민들은 스스로 노비가 되거나 삶의 터전을 떠나 떠돌이가 되기도 했단다.

　당연히 백성들의 불만은 하늘을 찌를 정도로 높았지. 참다못한 농민들은 하나둘씩 모여 불만을 이야기하기 시작했어. 언제 반란이 일어나도 이상하지 않을 정도로 사회 분위기는 점차 험악해져만 갔어.

조선 시대에는 세금을 곡식으로만 냈을까?

오늘날에는 세금을 돈으로 걷지만 조선 시대에는 돈뿐만 아니라 여러 형태로 걷었어. 가장 일반적인 것이 곡식이었지. 조선의 가장 중요한 산업이 농업이다 보니 대부분의 세금을 곡식으로 걷은 거야. 이렇게 토지 생산물에 매기는 세금을 '전세'라 불러. 전세는 쌀뿐만 아니라 잡곡 등 모든 생산물을 일정한 비율로 걷었어.

또 조선 시대에 양인 남자는 군대에 가지 않는 대신 군대를 운영하기 위한 세금을 따로 냈어. 이때는 곡식이 아닌 삼베나 무명과 같은 옷감으로 냈단다. 이것을 '군포'라 불렀지.

또 다른 세금은 여러 가지 물건으로 직접 걷기도 했어. 사과가 많이 나는 곳에서는 사과를, 배가 많이 생산되는 곳에서는 배를 걷는 식이었지. 이걸 '공납'이라고 해.

그러다가 조선 후기에 화폐 사용량이 늘면서 점차 돈으로 세금을 내는 방식으로 바뀌었단다.

왕의 비밀 명령을 수행하는 관리가 있었다고?

숭례문을 막 벗어난 정약용은 품속에서 봉투 하나를 꺼냈어. 임금께서 주신 아주 중요한 편지였지.
"반드시 숭례문 밖에서 열어 보아라!"
임금의 말을 떠올리며 봉투를 열자 경상 지역 지도와 각 고을에 대한 정보가 빼곡하게 담겨 있었어. 정약용은 임금이 왜 그런 당부를 했는지 바로 알아차렸지. 임금은 정약용에게 어떤 명령을 내린 걸까?

조선 시대의 지방 수령들은 큰 권한을 갖고 있었어. 그래서 어떤 사람이 수령이 되느냐에 따라 그 고을 백성들의 삶이 크게 달라졌지. 임금은 수령들이 백성을 위해 일을 잘하고 있는지 알고 싶었어. 임금은 몰래 관리를 지방으로 내려 보내 수령들이 고을을 어떻게 다스리고 있는지 살펴보도록 했지.

 이 관리들을 임금님이 몰래 보낸 관리라는 뜻에서 '암행어사'라고 불렀단다. 비밀을 지키기 위해 아무에게도 누가 어디에 가는지 알리지 않았어. 정약용도 편지를 열어 보고서야 자신이 암행어사가 되었음을 알아차릴 정도였지.

 암행어사는 예전부터 있었지만 특히 조선 후기에 많이 파견되었어. 암행어사는 백성들의 불만을 확인하고, 수령이 세금을 정해진 대로 걷고 있는지, 부정은 없는지 확인했단다.

암행어사가 되면 '마패'가 주어졌어. 마패에는 말이 그려져 있었는데, 거기에 그려진 말의 숫자만큼 역마*를 이용할 수 있었어. 역마는 아무나 이용할 수 있는 말이 아니었기 때문에 마패는 암행어사의 신분증과 같은 역할을 했지. 마패 외에도 암행어사에게는 '유척'이라는 눈금이 정확하게 표시된 자도 주어졌어. 지방 수령들이 백성들을 속이고 세금을 원래보다 더 걷는지 확인하기 위해서였지. 또 암행어사에게는 비리를 저지른 관리를 파직할 권한이 있었어.

암행어사는 관리들의 부정부패를 감시하고 백성의 삶을 살펴보고자 했던 제도였단다.

역마
조선 시대에 각 역참에 갖추어 둔 말로 교통 및 통신 수단으로 이용되었어.

▲ 마패

▲ 유척

암행어사는 혼자 다녔을까?

흔히 암행어사는 깊은 산길을 혼자 터벅터벅 걷는 나그네의 모습으로 그려지지만 실제로는 그렇지 않았어. 혼자 다니다 보면 산짐승이나 도적의 습격을 받기 쉬웠거든. 그래서 암행어사는 4~5명의 수행원들과 함께 무리를 지어 다녔다고 해. 신분이 드러나는 것을 막기 위해 장사하는 사람으로 위장하기도 했대. 그렇게 신분을 속이고 사람들이 많이 모이는 곳을 찾아다녔지. 그러다가 수령의 부정이 확인되면 "암행어사 출두요!"를 외치며 관아로 쳐들어갔단다.

생각 톡톡

나라에서 천주교와 동학을 탄압했다고?

선이는 강당에 모인 사람들을 보고 깜짝 놀랐어. 거기에는 선이네 가족 같은 상민은 물론 양반들도 꽤 많이 모여 있었거든.
"천주님 아래 모든 사람은 평등합니다."
강당 앞에 선 사람이 이야기했어. 선이는 그 이야기에 다시 한번 놀랐지.
'여기 모인 양반들은 정말 모든 사람이 평등하다고 생각할까?'

청나라에 다녀온 사신들은 새로운 책과 문물을 많이 가져왔어. 그 중에는 천주교도 있었지. 처음에는 천주교를 종교라 생각하지 않았기 때문에 서양 학문이란 뜻으로 '서학'이라 불렀어. 서학은 한자를 읽을 수 있는 양반과 중인들 사이에서 알려지기 시작했지. 그리고 곧 신 앞에 모든 사람이 평등하다는 가르침이 알려지면서 농민과 천민,

여성 등 차별받고 있던 사람들을 중심으로 빠르게 퍼져 나갔지. 선이가 부모님과 함께 찾아간 곳도 이런 천주교 모임이었어.

하지만 천주교가 퍼져 나가는 것을 못마땅하게 여기는 사람들도 많았어. 바로 권력을 쥐고 있던 양반들이었지. 조선의 지배 계층인 양반들은 천주교의 인간 평등 사상에 크게 반발했어. 게다가 천주교는 조상에 대한 제사를 금지했지. 유교에서는 조상에 대한 예와 공경을 강조하기 때문에 제사는 몹시 중요한 일이었어. 천주교에서는 제사를 귀신을 섬기는 일이라고 하며 금지했지. 조정에서는 천주교가 조선의 풍속을 해치고 있다고 여겼어. 그 결과 제사를 거부한 사람들을 처형하고 일부를 귀양 보냈어. 그런데도 천주교가 계속 퍼져 나가자 천주교 신자를 대대적으로 처형했지. 이를 '박해'라고 불러. 정조 때부

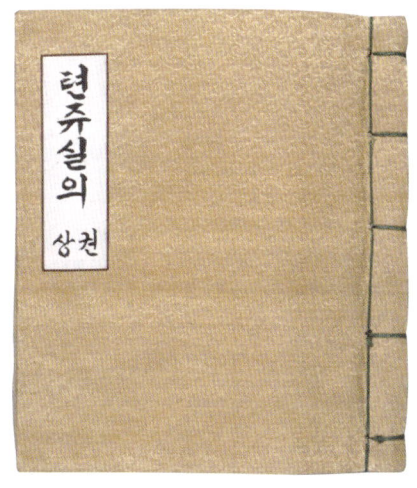

▲ 《천주실의》
중국에서 활동한 예수회 선교사 마테오 리치가 쓴 천주교 교리서로 조선에도 전해졌어.

터 약 100년 동안 여러 차례에 걸쳐 천주교에 대한 박해가 일어났어.

한편, 경주 지역에 살던 최제우가 민속 신앙과 유교, 불교, 도교의 가르침을 바탕으로 새로운 종교를 만들었어. '동학'이라 불린 이 종교는 모든 사람의 평등을 주장한 점에서는 서학과 같았지. 하지만 동학은 서양에 맞서 우리 것을 지켜야 한다고 주장했어.

천주교와 동학은 모두 조선 조정의 탄압을 받았어. 많은 천주교 신자들과 동학을 믿는 사람들도 처형되었지. 하지만 천주교와 동학은 조정의 거센 탄압에도 불구하고 점점 세력이 커져만 갔단다.

흥선 대원군 아버지의 무덤을 파헤치려 했다고?

"퍽, 퍽! 탁, 탁!"

깜깜한 밤 깊은 산속에서 나는 소리에 마을 사람들은 잔뜩 겁을 먹었어. 그 소리는 밤새 이어졌지. 새벽이 밝아 올 무렵, 뜬눈으로 밤을 샌 마을 사람들이 하나둘씩 모여들었어. 그러자 무덤 앞에 있던 사람들이 급하게 도망치기 시작했어. 그중에는 서양 사람도 섞여 있었지. 산에 오른 마을 사람들은 깜짝 놀랐어. 도망간 사람들은 밤새 무덤을 파고 있었던 거야. 그 무덤은 흥선 대원군 아버지의 무덤이었어. 당시 조선의 권력을 쥐고 있던 흥선 대원군의 아버지 시신을 가지고 조선과 거래하려는 속셈이었던 거지. 서양 세력을 싫어했던 흥선 대원군은 이 사건으로 더더욱 서학과 서양 세력을 경계하게 되었단다.

홍경래가 난을 일으킨 이유는?

"다복동으로 가려면 어디로 가야 하니?"
"앞산 고개를 넘으면 외길이 나와요. 그 길을 따라가면 다복동이에요!"
다복동을 찾는 사람들에게 길을 알려 주면서도 명수는 의문이 생겼어.
최근에 다복동을 찾는 사람들이 갑자기 많아졌기 때문이지.
깊고 깊은 산속에 위치한 다복동에 왜 사람들이 모여드는 걸까?

⋮

　세도 정치와 가혹한 세금으로 농민들의 생활은 몹시 비참했어. 잇따른 흉년에 끼니를 잇기도 어려웠고 일자리를 찾아 농촌을 떠나려고 해도 여의치 않았지. 이때 평안도 깊은 산속에 있는 다복동에 사는 홍경래라는 사람이 광산을 열고 광부를 구한다는 소식이 들렸어.

사람들은 일자리를 얻을 수 있다는 희망을 갖고 다복동으로 몰려들었지. 명수가 길을 알려 준 사람도 일자리를 찾고 있었던 거야.

몰락한 양반 출신인 홍경래는 여러 차례 과거 시험을 봤지만 합격하지 못했어. 홍경래는 자신이 과거에 연거푸 떨어진 건 실력이 모자라서가 아니라 관리들의 부정 때문이라고 생각했지. 실제로 당시에는 부패한 관리에게 많은 돈을 주면 얼마든지 관직에 오를 수 있었거든. 홍경래는 과거 공부를 접고 전국을 떠돌아다녔지.

홍경래는 자신처럼 사회에 불만을 품은 사람이 많다는 것을 알게 되었어. 특히 평안도 지역은 변경*이라는 이유로 오랫동안 차별을 받아 왔기 때문에 불만이 하늘을 찌를 듯 높았어. 홍경래는 사람들과

변경
나라의 경계가 되는 변두리의 땅이라는 뜻이야.

힘을 합쳐 세상을 바꿔 보기로 마음먹었단다.

홍경래는 10년에 걸쳐 봉기를 준비했어. 1811년, 마침내 홍경래가 봉기군과 함께 주변 지역을 빠르게 점령했지. 반란이 일어났다는 소식에 조정은 재빨리 관군을 보내 홍경래의 봉기군과 맞서 싸웠어. 봉기군은 관군에게 조금씩 밀리기 시작했고 정주성(평안북도 정주)에서 결국 패하고 말았어. 이때 홍경래도 목숨을 잃었지. 이렇게 홍경래의 난은 약 5개월 만에 실패로 끝났단다. 하지만 홍경래의 난은 이후 많은 농민 봉기가 일어나는 데 큰 영향을 주었어.

▲ 〈홍경래진도〉
〈정주성 공격도〉라고도 불리는 그림으로, 홍경래의 난 당시 관군과 봉기군의 전투를 기록한 그림이야.

방랑 시인 김삿갓과 홍경래의 난

 홍경래의 난이 진압된 뒤, 삿갓을 쓰고 전국을 떠돌면서 사회를 풍자하는 여러 편의 시를 지은 사람이 있었어. 바로 '김삿갓'으로 불렸던 김병연이야. 김병연이 삿갓을 쓰고 전국을 떠돌게 된 이유는 홍경래의 난과 관련 있다고 해.
 김병연의 할아버지 김익순은 홍경래의 난이 일어났을 때 봉기군과 제대로 싸워 보지도 않고 항복했어. 반란이 진압된 뒤 김익순은 처형되고 가족들은 지방에 숨어 살았지. 이 사실을 몰랐던 김병연은 김익순을 조롱하는 글을 써서 과거에 합격했어. 하지만 곧 김익순이 자신의 할아버지라는 사실을 알게 되었지.
 그후 김병연은 조상을 조롱해 과거에 합격한 죄인이라 하늘을 볼 면목이 없다며 삿갓을 쓰고 다녔던 거야.

찾아보기

〈곤여만국전도〉 ······ 71
〈대동여지도〉 ······ 70, 103
《단원풍속도첩》 ······ 52, 59
《목민심서》 ······ 47
《하멜 표류기》 ······ 12
《화성성역의궤》 ······ 38

거중기 ······ 37, 47
공명첩 ······ 62, 63, 64
규장각 ······ 43, 102
금난전권 ······ 45, 102
김삿갓 ······ 101
김홍도 ······ 58, 59
김정호 ······ 70, 103

나선 정벌 ······ 11, 102
난전 ······ 44, 45
남인 ······ 16, 17, 18
노론 ······ 19, 28

독도 ······ 21, 22, 23, 24, 25
동학 ······ 76, 91, 94, 103

모내기법(이앙법) ······ 50, 51, 52, 56

박해 ······ 94, 102
봉기 ······ 76, 100
북벌론 ······ 9, 11
붕당 ······ 16, 17, 18, 19, 28, 29, 43

사도 세자 ······ 39, 46, 77, 103
삼정 ······ 81
상평통보 ······ 57
서얼 ······ 44, 66
서인 ······ 16, 17, 18, 19
서학 ······ 92, 94, 95
세도 정치 ······ 78
소론 ······ 19, 28, 29, 30
소현 세자 ······ 8

수원 화성 33, 36, 37, 38	직파법 50, 51, 52
시전 44, 45	
신윤복 59	천주교 76, 91, 92, 93, 94, 102
실학 68	철종 74, 78
실학자 68, 69, 70	최제우 94, 103
안용복 22, 23, 24, 25	탕평책 28, 43
암행어사 47, 76, 86, 87, 88, 89	
양반 17, 58, 61, 62, 63, 64, 65, 66, 68, 73, 91, 92, 93, 99	하멜 12
	홍경래 97, 98, 99, 100, 101, 102
영조 27, 28, 29, 30, 31, 32, 34, 35, 41, 42, 43, 103	홍경래의 난 101
	환곡 81
예송 논쟁 18, 19, 102, 103	효종 9, 10, 11, 16, 17
왜관 22	흥선 대원군 95
인조 8, 9, 17	
정약용 43, 46, 47	
정조 33, 35, 36, 39, 41, 44, 45, 46, 47, 66, 74, 94, 102	

사진 저작권

8 《심양일기》(국립고궁박물관)

10 조총(부산광역시립박물관)

11 〈호병도〉(국립중앙박물관)

23 독도 전경(국가유산청)

24 〈동국대지도〉(국립중앙박물관)

28 탕평채(게티이미지코리아)

29 영조 어진(국립고궁박물관)

30 탕평비(게티이미지코리아)

36 수원 화성의 남문인 팔달문(게티이미지코리아)

38 《화성성역의궤》(국립중앙박물관)

39 〈한강주교환어도〉(국립중앙박물관)

43 〈규장각도〉(국립중앙박물관) | 《대전통편》(국립고궁박물관)

47 다산초당(국가유산청) | 《목민심서》(국립중앙박물관)

50 〈경직도〉(국립민속박물관)

52 김홍도의 풍속화 〈담배 썰기〉(국립중앙박물관)

53 백김치(셔터스톡)

57 상평통보(국립중앙박물관)

58 김홍도의 풍속화 〈씨름〉(국립중앙박물관)

59 김홍도의 풍속화 〈서당〉(국립중앙박물관) | 신윤복의 풍속화 〈단오풍정〉(간송미술문화재단)

64 공명첩(국립중앙박물관)

66 《홍길동전》 한글 필사본(서울대학교 규장각 한국학연구원)

70 〈대동여지도〉(국가유산청)

71 〈혼일강리역대국도지도〉(퍼블릭도메인) | 〈곤여만국전도〉(퍼블릭도메인)

78 용흥궁(국가유산청)

88 마패(국립중앙박물관) | 유척(한국도량형박물관)

93 《천주실의》(한국민족문화대백과사전)

* 이 책에 쓴 사진은 해당 사진을 보유하고 있는 단체와 저작권자의 허락을 받았습니다.
* 저작권자를 찾지 못해 사용 허락을 받지 못한 사진은 저작권자를 확인하는 대로 허락을 받고, 출처를 표시하며 통상의 사용료를 지불하겠습니다.

생각을 여는 **처음탄탄 한국사 06**

초판 1쇄 발행 2024년 10월 01일

글 김태규 **그림** 김잔디
발행처 주식회사 스푼북 **발행인** 박상희 **총괄** 김남원
편집 길유진 김선영 박선정 김선혜
디자인 이지숙 권수아 정진희 **마케팅** 구혜지 박미소
출판신고 2016년 11월 15일 제2017- 000267호
주소 (03993) 서울시 마포구 월드컵북로6길 88-7 ky21빌딩 2층
전화 02- 6357- 0050(편집) 02- 6357- 0051(마케팅)
팩스 02- 6357- 0052 **전자우편** book@spoonbook.co.kr

ⓒ 김태규, 김잔디 2024
ISBN 979- 11- 6581- 554- 7 (73910)

* 저작권법에 의하여 한국 내에서 보호를 받는 저작물이므로 무단 전재와 무단 복제를 금합니다.
* 잘못 만들어진 책은 구입하신 곳에서 바꾸어 드립니다.

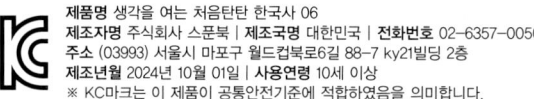